ТБ⁵¹ Д163

ТБ⁵¹ Д163

# UN

# EXAMEN DE CONSCIENCE

## EN MATIÈRE POLITIQUE.

IMPRIMERIE
SCHNEIDER et LANGRAND,
Rue d'Erfurth, 1.

# UN EXAMEN

## DE

# CONSCIENCE

## EN MATIÈRE POLITIQUE

### PAR

## PH. DE MONTENON.

## PARIS,

### CHEZ PAULIER, LIBRAIRE,

#### GALERIES DE L'ODÉON.

1846

# UN EXAMEN DE CONSCIENCE

## EN MATIÈRE POLITIQUE.

I

Le passé est le conseiller de l'avenir; aussi tout homme, en face d'une circonstance grave, fait-il une halte dans sa vie : avant de s'engager dans des routes nouvelles, il jette un regard en arrière. D'abord il s'examine lui-même, repasse un à un tous ses actes, recherche avec soin les faiblesses de cœur, les défauts de caractère, les erreurs d'intelligence qui engendrèrent ses fautes, ainsi que les idées et les sentiments qui le sauvèrent ou le grandirent; puis, étendant plus loin sa vue, il analyse les événements, juge les hommes, et, muni de tout ce qu'un semblable examen entraîne après lui de lumière, il marche vers l'avenir avec la ferme résolution de ne plus toucher aux mêmes écueils. Pratiquer et appuyer tout ce que l'expérience lui a dit être bon, devient alors, pour cet homme, la loi suprême : attaquer, au contraire, modifier ou détruire tout ce qui lui a paru nuisible, sa plus ardente ambition. Une telle habitude, louable et précieuse dans la vie privée, n'est pas moins indispensable pour tout ce qui touche à la vie politique et aux devoirs du citoyen.

Or la circonstance dont nous parlions à l'instant même approche pour chaque électeur, car les élections sont, à nos yeux, la plus grande solennité du gouvernement représentatif. Qu'est-ce, en effet, que le corps électoral, sinon le tribunal convoqué à certaines époques pour approuver ou blâmer la marche du pouvoir, pour la changer même, au besoin, par le choix des surveillants qu'il lui donne ? Qu'est-ce que l'électeur lui-même, sinon l'homme investi par la loi du grand rôle de juré national ?

Peut-être en France porte-t-on trop légèrement de semblables fonctions, et ne se rend-on pas un compte exact de la responsabilité qu'elles entraînent : peut-être même se soustrait-on trop facilement à l'obligation de les remplir. La politique est généralement regardée comme le champ des seuls ambitieux ou des rêveurs, et l'on ne se persuade pas assez qu'en définitive elle intéresse profondément tout le monde. En effet, c'est de la bonne ou de la mauvaise politique que découlent l'ordre ou le désordre, et il n'y a point d'intérêt qui soit indépendant de ces deux choses ; il n'y a point d'homme qui, sommé de venir appuyer l'une ou combattre l'autre, puisse s'y refuser sans une culpabilité réelle.

Pourtant chacun se croit en droit de faire passer ce qu'il appelle *ses affaires* avant les devoirs du citoyen, et nombre d'honnêtes gens, absorbés par leurs intérêts privés, disposent de leur voix par complaisance, sans but, sans réflexion. Mais *vos affaires*, électeurs, quelles sont-elles ? quels sont vos plus chers intérêts ? Vous êtes, pour la plupart, chefs de famille ; ce qui vous préoccupe, et je vous en loue, c'est 'avenir, la fortune de vos enfants. Or le bonheur de ces mêmes enfants, la stabilité de leur richesse, tout cela dépend de l'organisation sociale, et la société est régie par un gouvernement dont vous êtes les juges. Si ce gouvernement, engagé dans une bonne voie, ne reçoit pas de vous des auxiliaires; si vous ne lui opposez pas des antagonistes quand il se joue des institutions ou les fausse, une terrible responsabilité pèse sur vos têtes. Dans l'un et l'autre cas le résultat immédiat de votre conduite serait le trouble : or le trouble, vous le savez, ne met pas seulement en péril les intérêts publics ; les révolutions ne renversent pas uniquement les dynasties ou les hommes d'État, elles pénètrent aussi au foyer des particuliers et jettent au vent les modestes épargnes aussi bien que le trésor national.

Ainsi donc, nécessité pour tout citoyen de remplir les fonctions que les institutions nationales lui confèrent ; alliance indissoluble des intérêts publics et des intérêts privés : obligation de mettre les uns et les autres à l'abri des révolutions, en soutenant ou attaquant le pouvoir avec conscience, suivant ses bonnes ou

ses mauvaises tendances, voilà la conséquence
rigoureuse de tout ce que nous venons de dire.
Maintenant nous sommes naturellement con-
duits à poser la question suivante : Doit-on,
dans les élections prochaines, appuyer le gouvernement ou s'efforcer de lui créer une opposition puissante? — L'étude des événements
peut seule nous donner la solution de cet important problème.


## II


A peine y a-t-il seize ans qu'un vieillard,
accusé d'avoir voulu substituer des formes plus
absolues à celles du gouvernement représentatif, prenait le chemin de l'exil. Près de lui mar-
chait un enfant dont il emportait la fortune, et
cette fortune n'était autre que l'espoir du trône
de France! Et trois jours avaient suffi pour
changer à ce point une aussi haute destinée!
Pourquoi donc cette transformation subite?
Hélas! vous le savez trop, le vieux roi s'était
mépris; il ne connaissait pas son temps, la

chose était visible pour tout le monde, et l'on se méfiait de lui.

Grâce à Dieu, la tempête populaire passa vite, car les bannis n'avaient pas encore touché les frontières de la patrie, qu'il s'élevait derrière eux une dynastie nouvelle. L'héritier de ce mouvement extraordinaire, le nouveau roi, témoignait la plus vive sympathie pour les idées du jour, il applaudissait même au mot *de trône entouré d'institutions républicaines*; il protestait de son amour pour toutes les libertés, et s'engageant à défendre celle qui, principalement, venait d'être attaquée, il s'écriait : «Plus « de procès de presse. » La France enregistrait cette parole. Avide de se mêler à la foule, le prince, dédaigneux de tout faste, proclamait par ses actes la nécessité d'une royauté simple et modeste : se disant appelé au trône par le vœu national, il mettait, par cela seul, la nation bien au-dessus du roi lui-même. Que sont devenues tant de belles doctrines, non pas entre les mains du prince ( la loi le met à l'abri de nos investigations et nous défend contre lui toute attaque ), mais entre les mains des hommes chargés d'exercer en son nom le pouvoir et de couvrir sa couronne? Avant de devenir roi, le chef de la dynastie actuelle prit des engagements solennels ; comment les ont remplis les ministres chargés de cette tâche, voilà toute la question. Car plus le gouvernement représentatif entoure le chef d'inviolabilité, plus il aggrave la responsabilité de ceux qui s'engagent à lui servir de caution. Aussi ceux-là deviennent-ils comptables, non-seulement des actes de leur administration, mais encore de toutes les démarches des princes que la constitution rend inaccessibles. En un mot, que le *roi gouverne ou ne gouverne pas*, le ministre répond de tout jusqu'à ce qu'il se retire.

L'humilité de 1830 n'a pas duré, et l'on peut répéter aujourd'hui les paroles mises par le poëte dans la bouche du vieux Louis XI, à propos de la royauté :

. . . . . . . . . la voilà grande dame !

On trouve beaucoup plus souvent le nom du roi dans la bouche des ministres, que le souvenir des intérêts nationaux dans leur mémoire ;

le zèle de quelques serviteurs nous paraît même dangereux pour la dynastie, et leur préoccupation exclusive de certains intérêts pourrait faire croire qu'ils sont en péril. Si jamais le péril éclate, les imprudents devront, à juste titre, se frapper la poitrine, car c'est eux qui forgent la foudre. En effet, portés au pouvoir (disent-ils) par le vœu national, ils s'isolent cependant de la nation, et fondent leur puissance sur un petit nombre de créatures. Les places, les secours, tout s'accorde non pas au mérite, au besoin, mais à l'intrigue, à la couleur d'un vote, au plus ou moins de dévouement dynastique. Voilà comment on marche vers un but tout différent de celui qu'on devait atteindre : car de tels moyens, s'ils vous valent quelques séides, éloignent les masses et détachent leurs intérêts des vôtres. Ces masses restent longtemps inertes, ceux qui profitent des faveurs entonnent un cantique de louange, dont l'exaltation peut étourdir un moment; mais un jour un homme de cœur se lève, dit la vérité et tout s'agite. Je me trompe, il faut moins que cela ; il suffit même d'un intrigant pour déchaîner les colères. Quand on met contre soi la vérité, on est à la merci du premier venu qui sait la dire.

Mais n'ai-je point tracé un tableau d'imagination? l'administration marche-t-elle réellement au favoritisme? L'œil du pouvoir est-il seulement fixé sur un petit nombre d'élus, et sa main, comme son cœur reste-t-elle fermée pour tout ce qui ne se précipite pas vers lui avec enthousiasme? Electeurs, soyez mes juges. Quand, dans votre famille, votre commune, votre arrondissement ou votre département, une question se soulève, un intérêt est en jeu; quand la question doit être résolue, ou l'intérêt satisfait par le gouvernement, est-ce votre bon droit qui vous rassure, et ne lui préférez-vous pas quelque protection puissante? Voilà le secret des scrutins de toute sorte; voilà l'explication de tant de votes, et la cause d'une plaie affreuse que nous serons appelés à sonder plus profondément encore.

Il est trop vrai que le gouvernement mesure sa sollicitude sur les opinions; il est trop vrai, par suite, que les députés sont élus, non pour leurs idées et leurs principes, mais en raison de leur influence près des ministres. Aussi se

demande-t-on rarement : « Quelle doctrine
« votre représentant a-t-il soutenue à la cham-
« bre ? » — Mais bien plutôt : « Quel chemin
« a-t-il obtenu ? quelle ligne de fer lui est due ?
« combien de tableaux s'est-il procuré ? et, sur-
« tout, combien a-t-il placé de fils d'électeurs ? »
— Ce sont là, vous êtes trop francs pour le
nier, mes chers concitoyens, les appâts qui vous
attirent ; prenez garde, ils sont empoisonnés.
Ce que nous disions à l'instant des serviteurs
de la dynastie, nous le dirons de vous mêmes.
Vous préférez un plus petit intérêt à un plus
grand : pour vous les questions d'idées s'effa-
cent devant les questions d'intérêts matériels,
l'utilité générale devant l'utilité privée. Or la
morale et la raison réprouvent un pareil système,
et tout ce qui est faux ou injuste ne dure qu'un
temps. Changez de marche, ou vous amasserez
sur vos têtes des dangers et des haines.

L'esprit de favoritisme du pouvoir ne se
borne pas aux individus ; sa bienveillance,
quand on sait la mériter, ne s'arrête pas plus à
la première génération qu'à la ligne directe :
elle s'étend, au contraire, avec munificence, du
père au fils, du beau-père au gendre, de l'oncle

au neveu, voire même.... aux cousins, petits-cousins, que sais-je (1)! Le temps seul pourrait nous apprendre à quel degré de félicitation cessent les effets de la reconnaissance ministérielle. C'est ainsi qu'un gouvernement sorti d'un mouvement populaire, héritier d'une révolution faite, dit-on, en haine de l'aristocratie et par crainte des envahissements du privilége, cherche à se créer une lignée de fidèles. Et vous croyez que le pays va accepter, sans conteste, comme guides, comme modèles, des personnes et des familles; qu'il les regardera comme véritablement éminentes par cela seul qu'il vous a plu de les combler d'honneurs et de richesses? Mais il s'en défiera profondément, au contraire; tout ce qui viendra de cette source, il le repoussera comme entaché d'esprit d'intérêt et de partialité. Une noblesse, dont l'origine se perd dans la nuit des temps, dont l'histoire retrace à chaque page les grandes actions et les services, dont la fortune couvre le sol, et qui sait si bien, et si souvent, se faire bénir par le

____

(1) Casimir Delavigne, *Enfants d'Édouard*, rôle de Buckingham.

pauvre, s'efforce en vain, depuis tantôt soixante ans, d'éloigner de sa tête le niveau de l'égalité qui la menace ; et l'on prétend créer une aristocratie nouvelle en lui donnant pour seule base le servilisme ! Electeurs, ne confiez plus votre barque aux pilotes insensés qui s'aventurent, comme à plaisir, à travers de si rudes écueils ; la prudence vous en imposerait l'obligation étroite : mais vous êtes Français, et vous consulterez avant tout deux sentiments plus nobles, je veux parler de la fierté et de l'honneur.

Puisque j'ai prononcé le mot d'honneur, permettez-moi de demander aux gouvernants de ce temps s'ils ont pris soin de conserver et d'agrandir ce culte, si éminemment français. Chez nos pères, dire qu'un homme avait de l'honneur, lui en accorder les insignes, c'était le proclamer digne entre tous d'estime et de respect. Quelle était donc la signification de ce mot magique? Désignait-il simplement une qualité, un grand sentiment ? Mieux que cela : il indiquait un ensemble de vertus dont la pratique rigoureuse était la pierre de touche des âmes fortes et des cœurs généreux. Toute difficile, toute glissante qu'était la voie de l'honneur, on n'y tolérait point de chute, et, pour mériter d'y être remarqué, il fallait des efforts et des actes héroïques. Aussi l'honneur passait avant la fortune, avant la vie; il venait immédiatement après Dieu.

Il appartenait à un homme de génie de comprendre cette religion toute nationale, de lui donner un nouveau lustre, et, disons-le, l'institution de la *Légion d'honneur* valut, peut-être, à la personne de l'empereur, plus de dévouements, plus de sympathies que tous ses talents et toute sa gloire. Pour la croix, en effet, on quittait sa mère, on dédaignait des épaulettes plus brillantes, une toge plus belle, des appointements considérables. et dans l'espoir d'obtenir un simple ruban, on accomplissait des choses qui se raconteront bientôt comme des fables. Qu'est devenu le prestige et qui l'a détruit? J'ai vu des hommes, et vous tous, électeurs, vous en avez vu comme moi, presque tentés de ne plus porter à leur boutonnière ce ruban jadis si désiré par eux : j'ai entendu de jeunes officiers parler avec une froideur sans égale de ce qui faisait jadis emporter des redoutes et pulvériser des corps d'armée; ils préféraient l'avancement à la brillante étoile, et chacun leur donnait raison. Ainsi la plus belle institution de Napoléon perd son éclat et sa force entre les mains d'un gouvernement occupé cependant depuis son origine à exalter les glorieux temps de l'empire.

Loin de moi la pensée, en constatant ce fait déplorable, d'accuser nos ministres d'une absurde et odieuse préméditation. Certes aucun homme n'a pu se dire : « J'amoindrirai la « grande institution de la Légion d'honneur, « et j'affaiblirai, de propos délibéré, l'enthou- « siasme qu'elle inspire. » Mais on s'est montré léger quand il fallait être réservé ; par ambition, par besoin d'attirer à soi, on a promis et donné à la vanité ce qui ne devait s'accorder qu'aux grandes actions et ne tenter que les grandes âmes , et, par suite, on a prodigué ce qu'il fallait dispenser avec une extrême mesure. N'est-ce pas là une assez grande faute? Et comment relèvera-t-on maintenant ce qui a été abaissé? Chacun l'avoue, les hommes vraiment honorables deviennent de plus en plus rares, cependant le nombre des personnes décorées va toujours croissant. Suffit-il donc même, pour être désigné à l'estime publique, de n'avoir faibli à aucun devoir ? Non, car nous l'avons dit plus haut, il n'est pas permis de tomber dans le chemin de l'honneur, mais il est difficile de monter au faîte, et là seulement se trouvent les hommes dignes d'être signalés comme des modèles. Avez-vous eu la pensée d'adoucir la pente et de diminuer les fatigues? Tant pis, c'est une faute, car les nobles efforts s'amoindrissent dans la même proportion que les difficultés, et vous avez rapetissé les hommes en cherchant à leur venir en aide.

Il est triste d'avoir à attaquer le gouvernement sur un pareil terrain, d'être mis en demeure de lui reprocher, à une époque où tous les sentiments s'affaissent, et où, par conséquent, sa mission serait de remédier à un si grand mal, l'altération d'une institution conçue dans la pensée d'élever les âmes. Car l'extrême civilisation, si elle exalte l'intelligence, corrompt singulièrement les cœurs ; son luxe, les besoins qu'elle crée sans cesse étouffent la générosité et le désintéressement : en face d'une pareille situation, au lieu d'affaiblir l'éclat des grandes récompenses d'honneur, il faudrait chercher à le purifier et à l'augmenter encore, et l'on est doublement coupable d'employer, comme un moyen économique de satisfaire certaines exigences et certaines vanités, ce qui fut destiné à la glorification des vertus et du talent. Aussi qu'arrive-t-il ? Les gouvernants, d'une part, s'absorbent dans le seul soin de leur fortune politique ; les particuliers, de l'autre, songent uniquement à leur fortune privée. Tous les yeux, tous les esprits, tous les cœurs, se tournent vers la spéculation, et les ministres marchent paisibles, tranchant à leur aise, grâce à l'engourdissement de ceux qui séparent les intérêts privés des intérêts publics, et mettent leurs intérêts matériels bien au-dessus des idées et des sentiments. Beaucoup trouvent cela admirable et disent avec satisfaction : « Après tout, notre époque est positive ! » Jamais éloge ne fut moins mérité, car on n'a jamais vécu plus au jour le jour. Le positivisme du moment consiste à savoir la valeur d'un écu ; on prise l'argent comme la seule chose désirable, comme le moyen d'arriver à tout : sueurs, fatigues, bassesses, rien ne coûte pour l'acquérir, et presque tous le dissipent ensuite avec la folie du prodigue. En un mot, se procurer beaucoup d'or pour en dépenser encore davantage, voilà le positivisme du siècle, sa philosophie et sa morale.

Permettez-moi de vous le dire, électeurs, la doctrine de l'intérêt privé longtemps préconisée vous deviendrait funeste, la glorification du bien-être matériel est également périlleuse. Voilà deux excitants terribles pour les passions des hommes, voilà deux germes de trouble, et les possesseurs du sol ne pourraient, sans folie, travailler à les développer. Car, poussés par ces deux mobiles, ceux qui n'ont rien devront songer sans cesse à supplanter ceux qui ont quelque chose.

Trouverons-nous, d'ailleurs, chez les hommes du gouvernement cette préoccupation exclusive et constante des intérêts matériels qu'ils nous prêchent depuis seize ans? Dans la ligne de ces intérêts nos finances occupent, sans nul doute, la première place ; le premier de tous les soins devrait donc avoir pour objet ou le dé-grèvement de l'impôt, ou la diminution de la dette, ou, pour le moins, la balance rigoureuse des recettes et des dépenses. Eh bien, vous le savez comme moi, les impôts vont toujours croissant; la dette, loin de diminuer, tous les jours augmente, et chaque année lègue à celle qui doit la suivre un arriéré considérable et un surcroît de dépense. Enfin la situation financière exige (ceci a été constaté à la tribune), pour ne pas aboutir à une catastrophe, onze ans de paix et de régularité absolue. Peut-on raisonnablement espérer une succession de onze années sans crises imprévues, sans entreprises nouvelles et importantes, dans un siècle où chaque jour révèle des besoins et des événements nouveaux, des découvertes magnifiques à exploiter : sont-ils prudents, sont ils habiles ceux qui amenèrent une situation semblable et qui la proclament rassurante?

Disons-le, sans chercher davantage : Absorber les classes ouvrières dans le travail, satisfaire les ambitions de la classe moyenne par les places, détourner les riches des émotions politiques en fixant toute leur attention et tous leurs désirs sur des spéculations et des entreprises industrielles, s'asseoir tranquillement et dominer sans trouble, voilà l'unique et égoïste préoccupation des hommes du pouvoir depuis seize années. Ont-ils donc rempli de la sorte la mission qu'ils reçurent? Ils devaient, sans nul doute, s'inquiéter vivement du rétablissement de l'ordre, mais dans le noble but de donner ensuite à la vie politique toute l'extension possible au milieu du calme ; dans le noble but de façonner les citoyens de tout rang à la vie des hommes libres, de développer, d'agrandir les institutions, de seconder l'activité morale avant toute autre. Rien de cela n'a été fait, bien au contraire. On n'a pas cherché à guérir le pays lorsqu'il était dans le trouble, on s'est appliqué simplement à l'endormir. Au lieu de diriger et d'utiliser son activité morale, on a préféré l'éteindre et lui en substituer une autre, l'activité industrielle ; au lieu d'imprimer un mouvement à l'élan des intelligences vers les améliorations sociales et politiques, on l'a dirigé vers des choses toutes matérielles et toutes personnelles. En un mot, ce n'est point la guérison du malade qui a été cherchée, mais la tranquillité du médecin. Affaiblir pour être maître, user les forces au lieu de les utiliser, voilà quel a été le système.

Prêterez-vous donc votre appui, électeurs, aux représentants d'une pareille doctrine ? vous rendrez-vous, en face du pays, complices d'une telle faute ? Croyez-moi, ce pays, dont vous

n'êtes qu'un fragment, se réveillera un jour ;
faites en sorte qu'au moment du réveil il n'ait
à vous donner que des applaudissements et des
louanges ; faites en sorte qu'il ne puisse jamais
vous dire : « Vous avez préféré de misérables
« faveurs aux intérêts généraux, vous êtes in-
« suffisants pour me représenter, je veux d'au-
« tres guides et d'autres chefs. » En France,
l'effet de l'opium ne peut agir toujours sur des
constitutions bouillantes, et d'ailleurs le narco-
tique n'est pas distribué à tout le monde, on le
donne précisément aux plus sages, à ceux que
leur position, leur éducation éloignent naturellement du désordre et portent déjà a contenir
les autres. Il en est qui ne participent point à
votre banquet, le verront-ils toujours d'un bon
œil ? Une société peu morale restera-t-elle toujours paisible ? L'intérêt personnel, le bien-être
matériel étant devenus les deux boussoles sociales, chacun s'accommodera-t-il de sa position
sans envier celle du voisin heureux et égoïste ?
songez-y. Le gouvernement s'est emparé souvent de vos esprits au moyen de la peur, il a
souvent fait passer devant vos yeux des images
terribles en vous demandant main-forte ; assez

longtemps vous lui avez accordé tout ce qui favorisait et flattait sa puissance ; le moment est venu de penser à la nation, il ne vous convient pas de sembler toujours la craindre. D'ailleurs en faisant bon marché sans cesse des libertés et des prérogatives du pays, au profit d'un pouvoir qui vous distribue les faveurs et les places, vous finiriez par jouer simplement le rôle de favoris : vous savez qu'il a toujours, en France, suscité les haines, et, je dirai plus, le mépris.

Voici le moment de vous montrer sévères à 'égard du gouvernement, car il a vaincu dans cette dernière session une portion de ses adversaires, et, si vous n'y mettiez bon ordre, il resterait presque sans contrôle. Au reste, la défaite d'une opposition à la tête de laquelle prétendait se mettre un homme dont l'esprit d'absolutisme s'est révélé tant de fois lors de son passage au pouvoir, n'est pas un grand malheur. Jusqu'ici M. Thiers a manifesté son amour pour la liberté par des livres et des paroles, il a trouvé bon de préconiser la révolution, il a critiqué la corruption quand elle faisait la force de ses adversaires ; quelles sont ses œuvres ? La presse, sa mère, se vit bâillonnée par lui en septembre, et il accorda plus tard toute l'autorité de son talent, son influence tout entière à la création des bastilles après avoir chanté le 14 juillet et les mouvements populaires de l'année 1789. Et, certes, si l'érection des forts est l'acte le plus notable des serviteurs de la dynastie, il est aussi le plus inconcevable, parce qu'il se trouve en désaccord complet avec le principe dont ils partirent. Un illustre orateur l'a dit, et le mot restera toujours : « Vous élevez aujourd'hui ce que vous eussiez commencé par détruire au mois de « juillet 1830. » Et moi j'ajouterai : C'est que votre but n'est pas de diriger le pays, mais de le contenir. Eh bien, je puis vous indiquer un moyen, tout à la fois plus noble et plus puissant que ceux dont vous vous servez : satisfaites tous les intérêts, au lieu d'en satisfaire seulement quelques-uns avec tant de sollicitude ; au lieu d'étouffer les idées, ouvrez-leur une voie large et noble.

Résumons, avant de continuer notre marche, et les reproches que nous avons cru devoir adresser au gouvernement dans ce qui précède, et le tableau des tendances que nous nous engageons à combattre.

Oubli de l'origine, mépris des conséquences de 1850, peu de soin de la moralité de la nation, déplacement des intérêts, préoccupation constante de ceux qui ne doivent passer qu'en seconde ligne, négligence complète des autres, enfin nécessité dans les élections prochaines de blâmer un tel système, voilà le fond de notre étude, et sur quoi, électeurs, nous vous engageons à méditer consciencieusement avec nous.

Maintenant notre examen doit porter sur une question non moins grave, savoir : le gouvernement s'est-il contenté de ne donner aucun développement aux institutions politiques dans le sens de la liberté, et les institutions acceptées par lui ont-elles été maintenues dans toute leur intégrité ?

## III

Nous l'avons dit en commençant, la crainte de voir substituer des formes plus absolues à celles du gouvernement représentatif, voilà ce qui souleva tant d'esprits contre l'ancienne dynastie. Maintenir, au contraire, le système menacé par les ordonnances de juillet, voilà les promesses d'août 1830 et la tâche imposée à tous les ministres du nouveau monarque. Quel est donc ce système tant aimé d'une nation, et pour la défense duquel elle se met en armes à la moindre apparence de péril? Nous allons essayer de le définir et de le peindre.

Un roi inviolable, agissant par l'intermédiaire et sous la responsabilité de ses ministres, un roi chargé de faire exécuter les lois, d'où émane toute sa puissance et en d hors desquelles elle expire ; de telles lois votées par la nation elle-même, sufiisamment représentée, voilà tout le fond du gouvernement, qui parut un instant compromis en 1830, et que les successeurs des vaincus promirent solennellement de respecter. Pour bien nous rendre compte de sa forme, il suffira d'ajouter que la représentation nationale se divise en deux chambres : l'une, dont les membres, nommés à vie, s'élèvent du milieu de la nation sans recevoir d'elle leur haute dignité, c'est la chambre des pairs ; l'autre, composée des élus du pays, et dont notre loi fondamentale prescrit le renouvellement à certaines époques, en laissant toutefois la couronne libre de l'exiger plus tôt quand elle le désire, c'est la chambre des députés. Chacun sait la raison de cette division dans la représentation nationale, cependant ce n'est peut-être pas hors de propos de la redire.

L'organisation de l'humanité fait que tout individu, ou tout corps, en possession d'un pouvoir cherche à l'étendre. Aussi l'histoire nous montre-t-elle les rois presque toujours désireux d'accroître leur autorité, les peuples jaloux de la leur restreindre. Il fallait donc imaginer une troisième puissance qui, placée entre la couronne et les représentants du peuple, se trouvât naturellement portée à neutraliser leurs tendances hostiles ; tel fut le rôle confié aux pairs. D'une part, sortis des rangs de la nation, ils semblent ne pouvoir rester étrangers à ses sympathies ; de l'autre, choisis par le prince, ils doivent par cela seul à la couronne attachement et reconnaissance. Pour rendre la pairie tout à fait indépendante, on la fit d'abord héréditaire ; notre époque, plus ombrageuse que la précédente, l'a voulue simplement viagère. Nous ne discuterons point la question de savoir si l'on eut tort

ou raison en apportant ce changement à l'organisation première, nous raconterons simplement le fait. Tout passe dans le monde, tout
se modifie ; le temps des aristocraties hérédi-
taires avec leurs admirables traditions, avec
leurs obligations d'honneur léguées au fils
par le père, comme le nom et la fortune, ce
temps, malgré tout son éclat, a fait place à un
autre. Puissent les idées nouvelles nous conduire à leur tour vers de grandes choses ! Mais,
en attendant, ne méprisons point les théories
de nos devanciers, elles ont placé souvent la
France bien haut dans l'estime des autres peuples, et, sans désespérer de l'avenir, honorons
toujours le passé.

Ainsi donc, pour revenir à notre sujet, et ré-
sumer notre tableau du gouvernement représentatif, ce gouvernement a deux grandes bases,
la royauté et la représentation nationale. Dans
la personne du roi résident et le pouvoir exécutif et l'autorité administrative ; la couronne
et les deux chambres exercent collectivement la
puissance législative. Les députés représentent
l'élément populaire, les pairs, espèce d'aristocratie appropriée aux temps où nous vivons,

sont placés comme modérateurs entre l'esprit d'absolutisme, qu'engendre l'habitude du commandement, et l'esprit de résistance si naturel aux peuples.

Il est bon de savoir, électeurs, si les ministres de la nouvelle dynastie ont toujours compris l'esprit et respecté le fond du gouvernement représentatif ; la forme est intacte, voyons si la réalité est d'accord avec l'apparence.

Et d'abord s'il existe un élément essentiel dans le système qui nous régit, c'est, à mon sens, cette responsabilité ministérielle, tout à la fois le rempart de la royauté et le plus important des gages qu'elle donne à la nation ; cependant on ne songe point à la définir d'une manière certaine. Suffit-il donc, après tout, qu'elle soit énoncée dans le pacte constitutionnel ? Non, certes, car ce pacte lui-même constatait dès l'origine la nécessité d'une loi spéciale sur un sujet si grave ; bien plus, il imposait l'étroite obligation de discuter et de voter cette loi dans le plus bref délai possible. Or seize ans se sont écoulés, et la loi reste à faire. Eh bien, par le seul fait de ce retard, électeurs, la responsabilité qu'on laisse dans le vague, se trouve engagée. Cependant des hommes consciencieux, en prenant une tâche aussi lourde que celle du ministère, devraient se montrer jaloux de savoir d'une manière précise ce à quoi ils s'obligent et de quelles peines ils sont menacés s'ils faiblissent à tel ou tel devoir.

Pourquoi donc le législateur ne procéderait-il pas en matière politique comme en matière privée? D'ordinaire, quand il prévoit la possibilité d'un délit ou d'un crime, il s'empresse d'en rechercher toutes les circonstances, toutes les nuances; il les définit avec soin, fait ressortir ce qu'elles ont d'aggravant ou d'excusable, oppose une peine proportionnée à chacune, et ne laisse jamais les citoyens dans le cas d'ignorer ce à quoi ils s'exposent en se rendant coupables de telle ou telle faute. Que d'hommes, peut-être, n'eussent jamais accompli certaines actions politiques si elles eussent été nettement définies, si les conséquences et les châtiments qu'elles doivent nécessairement entraîner eussent été positivement expliqués! Il en est des fautes comme des abîmes; il faut les signaler d'une manière éclatante aux imprudents et à ceux dont la vue est courte.

Il est facile, je le comprends, de se tromper quand on est placé sur les hauteurs du pouvoir, on est entouré de bruits qui donnent le vertige, la vue plonge avec peine dans les profondeurs des masses, on peut prendre, de si loin, sans mauvaise foi des fantômes pour des réalités, et l'on a grand besoin d'indulgence. Faites donc une loi sage, douce, modérée à l'égard de l'erreur, sévère seulement pour les cas d'ambition et de fraude, je le désire du fond de mon âme; mais enfin, législateurs, vous n'êtes pas libres d'ajourner sans cesse une telle tâche, et vous, électeurs, il vous appartient d'en réclamer l'accomplissement immédiat. En effet, une telle loi est nécessaire, non-seulement pour avertir les imprudents, intimider et atteindre les ambitieux, éclairer les faibles, mais encore pour indiquer irrévocablement à ces députés, investis du rôle d'accusateurs, là où commence leur mission, et quelle doit en être la conséquence. Ces deux choses parfaitement déterminées, il n'y aura plus d'accusation lancée à la légère; mais on ne pourra consciencieusement garder le silence en présence d'un fait positivement flétri par la loi et puni par elle. Il est dur, je le sais, pour un homme de cœur de se poser en accusateur, et c'est pour cela qu'il hésitera toujours à le faire, tant qu'il n'y aura pas une nécessité imposée par une règle inflexible. Quand il s'agit, en l'absence de la loi, de juger une faiblesse accomplie, une faute commise, on ne peut pas isoler l'action du coupable; la pitié que l'homme inspire fait souvent passer trop facilement sur ses actes, et l'on garde le silence. Mais dans la discussion d'une loi, on examine froidement des éventualités, on juge à nu et sans trouble des faits, encore imaginaires quoique possibles. La loi faite, toute hésitation cesse dans le cœur de celui qui se trouve chargé d'en assurer l'exécution, car le législateur a tranché pour lui, et son devoir est tout à la fois d'obéir aux prescriptions du régulateur suprême et de veiller sans cesse à leur stricte observance.

Si la chambre des députés, chargée du soin d'accuser les ministres, est en position de désirer une loi qui fixe son droit et détermine, au moins, la plupart des circonstances où il y aurait lieu de l'exercer, les pairs, appelés seuls, une fois l'accusation lancée, à condamner comme à absoudre, me semblent devoir la souhaiter plus vivement encore. En effet, ils ont déjà pu voir tout ce qu'un pareil événement soulève de passions, excite de haines ; arrivât-il même au milieu du calme, chose bien peu probable, pour ne pas dire impossible, sur-le-champ il ferait naître l'agitation dans tous les rangs de la société. Combien le juge est heureux, en un tel moment, de pouvoir opposer aux colères insensées, comme aux dévouements blessés, les dispositions d'une loi claire, précise et spéciale!

Mais a quoi bon, — murmurez-vous peut-être, — insister si vivement pour une définition rigoureuse de la responsabilité ministérielle? Les ministres n'ont-ils pas chaque jour à subir les jugements de la majorité des deux chambres, et cette majorité ne saurait-elle pas les renverser avant qu'ils eussent consommé des actes justiciables de la cour des pairs? — Voici la plaie, nous touchons au mal, et, pour vous dire toute ma pensée, l'histoire de ces derniers temps est à mes yeux une preuve invincible que le ministère possède des moyens trop puissants de peser sur les majorités, d'endormir les consciences et de gouverner ensuite sans obstacle et sans contrôle. Je ne nie point le talent, les vastes connaissances, surtout l'habileté de parole de nos ministres ; mais je nie complétement leur désintéressement, tranchons le mot, leur honnêteté politique, car cette noble qualité ne s'allia jamais avec l'avidité du pouvoir, et voilà leur vice. Gouverner leur semble le premier des biens, comme la première des nécessités ; ils oublient vite qu'ils doivent exercer leur autorité dans un certain cercle, ou la déposer, ou plutôt, comme le cercle est étroit, la tâche difficile, l'obligation de quitter le pouvoir fort amère, ils trouvent plus commode de briser des entraves bien sagement imaginées, et pour ne pas s'exposer à un danger trop imminent en renversant ou changeant ouvertement des institutions gênantes, ils s'en servent à la manière des pharisiens, c'est-à-dire, en faussant l'esprit et se renfermant dans la lettre.

Ainsi, pour que la constitution subsiste dans toute sa vérité, il faut que la représentation nationale soit parfaitement indépendante du pouvoir exécutif, dont elle est le contre-poids et le surveillant perpétuel : il faut que le ministère écoute la voix du pays, qu'il s'inspire de ses opinions, qu'il consulte ses tendances au lieu de lui imposer les siennes; enfin qu'il laisse agir le corps électoral en pleine liberté, sans chercher à le séduire et en n'usant de son autorité que pour écarter des électeurs toute influence corruptrice, sous quelque face et de quelque part qu'elle vienne. Or, je le demande, les actes sont-ils d'accord avec cette théorie?

Le ministère, vous le savez, et la tribune a longuement retenti de cet abus, le ministère étale sans cesse sous les yeux des hommes chargés de contrôler ses actes, de lui voter son budget, de prononcer sur son existence, et les cordons d'honneur, et les places richement rétribuées. Il s'approche de l'oreille de ses juges et leur répète à toute heure : « A moi le soin « d'assurer votre existence, de l'embellir par « des positions brillantes et lucratives, de satis« faire les goûts des électeurs qui vous nom« ment ; à vous celui de me maintenir dans le « poste du haut duquel pleuvent les faveurs « et les grâces. » Vraiment, mes chers concitoyens, si vous étiez affligés d'un procès (et puisse Dieu vous épargner cette peine), accepteriez-vous pour juges des hommes en position d'être ainsi circonvenus par vos adversaires? Voilà pourtant la nature de ceux qui surveillent le ministère et composent la plus grande partie de cette majorité qui vous rassure.

Et comment procède-t-on près de vous-mêmes ? Parlons-en de bonne amitié, mais avec franchise.

Comme nous l'avons démontré, on a exalté l'intérêt matériel par-dessus tous les autres ; de là l'égoïsme le plus complet dans la plupart des âmes : aussi dans le moment des élections, celui qui veut obtenir les suffrages de ses concitoyens, sous prétexte d'aller ensuite soutenir dans la chambre les grands principes de la politique, ne parle plus que des besoins de la localité, des intérêts du foyer; il s'adresse à l'orgueil, allèche la cupidité, flatte la petite vanité de celui-ci, le secret désir de celui-là, en un mot, promet à chacun quelque chose de personnel. Et quand son influence auprès du pouvoir est bien constatée, quand vous attendez tous de lui la satisfaction de votre intérêt chéri, vous vous écriez le plus souvent : « Voilà notre « homme! » Puis vous nommez. En bonne conscience ce député, dont la seule occupation, s'il veut remplir son mandat, sera de demander sans cesse, ne pourra s'oublier lui-même, et, tendant la main à toute minute, il livrera sa voix, quoi qu'il arrive, à celui qui donne. Voilà comment les choses se passent, comment une noble institution s'altère, comment on paralyse, avec votre aide, électeurs, cette chambre chargée de représenter le pays et que vous pourriez faire si indépendante et si puissante. Voilà comment le système actuel, privé de ses surveillants naturels, tourne à l'absolutisme par la corruption. Réfléchissez, électeurs, et commencez par vous corriger vous-mêmes d'un défaut qui ne tient pas à votre cœur, mais peut-être à quelque légèreté et à quelque étourderie. Autour de vous retentit un cri, tous les jours plus fort, tous les jours plus éclatant, celui de *réforme électorale*. Il est l'expression d'une idée dangereuse, ou d'une idée utile ; dans les deux cas il mérite toute votre attention et doit influer sur votre conduite. S'il vous effraye, essayez de l'étouffer en montrant que vous êtes capables à vous seuls de représenter dignement la nation dans les colléges, de demander et d'obtenir la destruction des abus, aux dépens même de votre intérêt personnel ; s'il répond à vos sympathies, commencez à les manifester en préludant à la grande réforme par des redressements préliminaires et indispensables.

Mais revenons à la manière dont le ministère entend la constitution et use de certaines prérogatives.

Le choix des pairs appartient à la couronne, et ce droit, comme tous les autres, elle l'exerce par l'intermédiaire et sous la responsabilité des ministres. Jamais prérogative, ce me semble, n'imposa plus rigoureuses obligations de conscience, surtout depuis l'abolition de l'hérédité ; car le pouvoir peut à son gré, s'il ne respecte l'esprit des institutions, modifier la majorité d'une de nos grandes assemblées délibérantes, non-seulement en exerçant sur elle une influence semblable à celle dont nous lui reprochons d'abuser auprès des députés, mais encore en introduisant uniquement dans son sein, et en tel nombre qu'il le désire, les hommes qui lui sont dévoués.

Le gouvernement ne peut pas, dira-t-on peut-être, prendre les pairs en dehors de certaines catégories. — La difficulté est peu sérieuse ; car, d'une part, les catégories sont nombreuses et composées d'hommes souvent unis au ministère par leurs positions ( tels que les ambassadeurs, les préfets, les procureurs généraux, etc. ); de l'autre, il peut choisir dans les catégories qu'il veut, quand il le veut, sans être jamais forcé d'admettre qui que ce soit au monde. Ainsi ( même en mettant hors de cause à ce sujet le système actuel ), l'indépendance de la chambre haute nous paraît-elle suffisamment assurée contre les tentatives d'un ministère ambitieux et sans conscience. Qui oserait dire qu'il ne s'en présentera jamais un semblable ? Pour moi, je frémis quand je vois considérer la pairie simplement comme la paisible retraite de certains dévouements, comme la consolation d'un député délaissé dès électeurs, ou pressé par le pouvoir de passer à un autre candidat ministériel les voix dont il dispose : car je me rappelle que du sein de la chambre des pairs s'éleva la voix la plus puissante entre toutes celles qui défendirent naguère la liberté de la presse, et j'ai toujours compris qu'un semblable corps, recruté parmi les hommes éminents de toutes les carrières, devait inspirer à la nation une confiance et un respect sans bornes.

## IV

Eussions-nous, à notre grand regret, exagéré les torts des ministres de la nouvelle dynastie; eussions-nous attribué à leur ambition, leur incurie, leur petitesse de vues, ou leur mauvais vouloir, ce qui résulterait, en définitive, de certaines lacunes dans la constitution, nous aurions du moins, électeurs, appelé votre attention sur des brèches écartées, qui peuvent être un jour attaquées, que par conséquent il faut défendre, et dont-il vous appartient d'exiger et de surveiller la réparation immédiate.

La main sur la conscience, nous croyons, en indiquant les plaies, avoir signalé, sans partialité comme sans injustice, ceux qui les ouvrirent et qui maintenant les entretiennent : et, avant d'insister plus vivement sur l'application des remèdes, avant de tirer la conclusion définitive de ce petit écrit, il nous reste encore quelques questions à examiner, si toutefois nous n'avons par déjà abusé de votre patience.

Permettez-nous, mes chers concitoyens, de discuter ici une opinion trop généralement répandue, et qui, en s'accréditant, sert d'excuse à beaucoup de désordres. Puis nous jetterons un coup d'œil sur notre politique extérieure et notre position vis-à-vis de l'étranger.

On regarde le gouvernement représentatif comme éminemment corrupteur ; on s'indigne même que la captation et la séduction doivent être nécessairement employées, sous peine de chutes inévitables, par les hommes chargés d'en faire mouvoir tous les rouages. Funeste et désolante doctrine, suffisante à elle seule pour tuer une belle théorie et la rendre odieuse aux esprits généreux. Et moi, je soutiens, au contraire, qu'avec la corruption le gouvernement représentatif s'efface et fait place au plus honteux comme au plus absurde despotisme. En effet ( sans parler des effets moraux dont nous avons déjà touché quelque chose), où aboutit la corruption en politique, si ce n'est à faciliter l'envahissement d'un des pouvoirs sur l'autre? Or, du moment que cet envahissement s'opère; du moment que la liberté d'un des grands corps n'est plus entière, le gouvernement représentatif est altéré : il y a oppression quelque part, par conséquent désordre, et, par suite, dissolution complète d'un système inventé pour l'étroite alliance de l'ordre et de la liberté.

D'un côté, la stabilité, l'unité, assurées par le principe monarchique ; de l'autre, l'indépendance et la juste intervention du pays, garanties par l'action des assemblées nationales, voilà, ce me semble, une synthèse où la corruption ne peut entrer que par accident, comme inconvénient déplorable et non comme élément indispensable. Si le pouvoir royal ne reste pas dans ses attributions ; s'il ne laisse pas le pays se prononcer, avec une pleine spontanéité, aux époques où il doit être légalement consulté; s'il corrompt, en un mot, la liberté est froissée, le pacte violé, mais la punition marche à côté de la faute. Car pour un instant de prépondérance acquise indûment, on soulève des difficultés sans nombre. En voulant se faire un parti, on en crée mille ; en flattant certaines passions, on irrite toutes les autres, on se sépare des hommes généreux, on ne peut satisfaire tous les intérêts avides, l'heure de la réaction sonne et le désordre naît.

Il en serait de même si la représentation nationale ne savait pas respecter le principe monarchique : car les excès du pouvoir mènent à l'absolutisme, ceux de la liberté à la licence, tous aux révolutions.

Malheureusement, depuis trente ans dans notre France, la plupart de ceux qui ont tenu les rênes du pouvoir ont mis plus d'espoir dans leurs amis particuliers que dans la nation tout entière. Au lieu de s'appuyer sur les institutions, ils semblaient en avoir peur ; au lieu de placer leur confiance dans la loi, dans la stricte observance de la constitution, commise à leur garde, en même temps qu'elle leur fut donnée pour guide, ils se sont occupés à compter leurs partisans, et le soin d'en augmenter le nombre les a absorbés à l'exclusion de tous autres. Aussi autant d'hommes de talent ou d'intrigue se sont révélés, autant de partis se sont formés, et la question n'a plus été bientôt de soutenir une doctrine, mais de faire parvenir messieurs tels ou tels, suivant ce qu'on leur avait rendu de services et ce que l'on espérait de leur reconnaissance.

Ce système est en opposition avec toute logique et toute morale, il a fait naître beaucoup de luttes dans la nation, il est en désaccord complet avec la constitution dont il prétend découler, et il ressemble au gouvernement représentatif, comme un empirique à un médecin véritable. Le principe monarchique, outré dans son application jusqu'à l'extravagance, a produit des Néron, des Caligula, des Elagabale et tant d'autres fous, tous atroces ou ridicules; le despotisme de certains clubs infects, décoré du beau nom de république, porta Marat sur un autel et Louis XVI sur un échafaud. Grâce à Dieu! les parodies du gouvernement représentatif n'ont amené dans notre patrie rien de comparable, et la Providence nous gardera des grandes catastrophes : mais souvenons-nous que la corruption, loin de s'allier avec aucun système de gouvernement, les rend tous, à la longue, impossibles ou atroces. Appliquée à nos institutions, on la comparait dernièrement devant moi à un cautère : « Hélas ! — m'écriai-je, en frissonnant, — c'est une lèpre envahissante ! » Enfin, si nous avions dévié de la voie droite, il suffit encore, en cet instant, d'un effort pour y rentrer. A vous, électeurs, à vous la gloire d'ouvrir la marche et de donner le signal.

Blâmez donc fortement, quand s'élèvera votre tribunal, les fautes du pouvoir ; mettez un frein à plusieurs des tendances ministérielles, nous vous dirons dans un instant comment nous voyons la chose possible ; mais faites justice également des représentants de certaines oppositions passionnées, haineuses, qui parlent depuis tant d'années de liberté en proscrivant amèrement tout ce qui blesse leur vanité et leur septicisme ; qui voient d'un œil jaloux les armes de l'arbitraire entre les mains de leurs adversaires, et s'en serviraient volontiers pour leur propre compte. Ils se laissent entourer de bastilles et feignent de redouter l'influence de quelques prêtres ; ils se posèrent jadis en fils du dix-huitième siècle, proclamèrent hautement la nécessité de la tolérance, celle de l'indépendance de la pensée, et ils ne peuvent supporter maintenant l'idée d'un enseignement vraiment libre, l'idée d'un enseignement autre que celui qu'ils rêvèrent eux-mêmes pour la jeunesse. Eux libres, ou plutôt maîtres absolus, tout le monde doit se trouver satisfait et regarder toute oppression comme abolie. Ils veulent, en un mot, l'entière liberté de façonner la France à leurs doctrines sans rencontrer de résistance.

Électeurs, chefs de famille, vous stigmatiserez et vous repousserez les apôtres d'un semblable système : vous ne pouvez redouter les prêtres, car ils vivent au milieu de vous, et vous les connaissez mieux que personne. Est-ce de politique ou de morale qu'ils s'occupent ? Est-ce enfin le désordre ou l'ordre qu'ils prêchent sans cesse ? Qui se penche à l'oreille du pauvre pour lui recommander la résignation et l'engager même à bénir sa misère ? Qui laisse tomber le plus souvent, malgré sa gène, une pièce de monnaie dans la bourse vide, un drap blanc sur la couche de paille ? Quel homme ne se lasse jamais de répéter aux riches : « Vous avez d'autres obligations que le plaisir? » Et qui sait les persuader de cette vérité? Le prêtre, toujours le prêtre. Vous le trouvez au berceau de vos enfants nouveau-nés, près du lit de vos mourants, près du vôtre si vous souffrez, sur la rive du fleuve quand celui-ci déborde, au milieu des poutres embrasées quand l'incendie ravage; et vous l'estimez : car, suivant la pensée d'un orateur sublime : *Vous n'avez jamais cessé de lui conduire vos filles* (1). Oui, toutes parées de leur innocence ; vêtues de la robe blanche, symbole de l'angélique pureté, vous les voyez partir avec joie pour le mystérieux tribunal où les âmes s'épanchent ; et le lendemain, lorsque pour la première fois elles s'approchent de la table sainte, vous aussi, vous courbez vos fronts devant l'autel. Dans cet instant les voix de votre enfance s'élèvent au dedans de vous-même ; toutes les vérités, sorties de la bouche du prêtre qui dirigea votre jeune cœur, vous reviennent en mémoire, et vous saluez ses succes-

______

(1) Le père Lacordaire, conférences à Notre-Dame sur la Nativité, 1845.

seurs avec respect. Non, ce n'est point le sanctuaire qu'il faut craindre, car Dieu y veille, et si parfois il s'y glisse un impur, mille saints, prets à racheter ses fautes par leurs inimitables dévouements et leurs inaltérables vertus, se lèvent aussitôt.

Quant à la liberté d'élever vos enfants suivant vos idées, vos croyances, vos convictions de tout genre, et par conséquent de confier leur instruction à ceux qu'il vous convient de choisir, c'est la première de toutes ; sans elle la paternité s'amoindrit, je dirais presque qu'elle s'efface. Car l'enfant ne reçoit pas de nous seulement du sang et des organes ; celui qui fait naître une âme est obligé d'y jeter la lumière ; et si nous ne pouvons transmettre à nos fils nos idées comme la vie matérielle, autant vaudrait nous les enlever dès le berceau. En effet, nous répondons, et pour l'âme et pour le corps, de ces êtres précieux, devant Dieu et devant la société; notre conscience, quand il s'agit d'eux, devient, par une grâce particulière, plus délicate et plus inquiète, notre cœur doublement sensible, notre intelligence perspicace, nos instincts presque prophétiques. Ne nous gênez donc pas dans l'accomplissement de notre œuvre, car nous avons reçu du ciel tout ce qu'il faut pour la mener à son terme, et vous n'avez aucun moyen d'atténuer la responsabilité qui nous fut imposée. Que les législateurs cherchent, qu'ils épuisent les théories et les sophismes, il ne leur appartient point de changer les lois de notre nature, il n'est point au pouvoir de l'homme d'abroger ce que Dieu décréta.

Si tout à coup les choses changeaient dans notre France ; si les fantômes de jésuitisme, de domination cléricale, prenaient en un instant, mes chers concitoyens, une consistance à laquelle personne ne croit (encore moins ceux qui agitent l'épouvantail et imaginèrent la chimère), que diraient tous les partisans actuels du monopole, forcés d'envoyer leurs enfants, sous peine de subir un ostracisme terrible au moment des examens comme à l'entrée de toute carrière ; forcés, dis-je, d'envoyer leurs enfants dans des établissements qu'ils détestent ? Ils crieraient à la tyrannie, et leurs plaintes seraient trop justes. Or il est une loi immuable ainsi formulée : *Ne fais pas à autrui ce que tu*

ne voudrais pas qui te fût fait à toi-même.
Electeurs, livrez cette loi aux méditations de ceux qui recherchent vos suffrages, et repoussez-les, je vous en conjure, si, se disant amis de la liberté, ils ne la veulent et ne la demandent pour tout le monde; s'ils ne comprennent pas qu'il importe à un examinateur de connaître la science des candidats soumis à ses investigations, non de savoir dans quels lieux ils la puisèrent.

Sans doute le bon sens et la morale veulent que l'œil d'un gouvernement sage et intelligent pénètre partout et ne laisse aucun établissement sans surveillance. Ayez donc des tribunaux de moralité, des tribunaux de science, rien de plus juste, rien de plus indispensable. Qu'une loi sage en détermine la composition de manière à éviter toute partialité haineuse ou trop sympathique; qu'elle institue des surveillants, chargés de frapper à toute heure aux portes des maisons d'éducation de toutes nuances, sans cela il y aurait désordre. Mais je ne comprends pas plus le droit de condamner un établissement encore à naître que celui d'incriminer un écrit avant qu'il ait vu la lumière.

En effet, quel impérieux besoin de l'homme notre pacte social a-t-il voulu satisfaire en reconnaissant l'indispensable nécessité de la liberté de la presse, si ce n'est celui d'émettre et d'inculquer sa pensée? Je ne vois pas trop comment il sera possible, en bonne logique, de repousser une des conséquences en admettant le principe : d'ailleurs, nous sommes dans un temps où l'on traite avec égalité les filles d'une même mère; or je ne connais pas de sœurs plus étroitement unies que la liberté de l'enseignement et celle de la presse. Qui frappe l'une menace l'autre ; qui aime l'une doit aimer l'autre ; enfin qui possède l'une doit posséder l'autre.

Electeurs, nous bornerons ici notre examen sur la politique intérieure, en ajoutant simplement que nous la proclamerons bonne le jour où elle aura pour résultats *l'ordre en tout, la liberté pour tous.*

Maintenant si nous étions appelés à désigner les principales qualités d'une politique extérieure vraiment honorable et intelligente, nous choisirions entre toutes la *dignité et la prudence.* Or ces deux caractères sont-ils ceux de la conduite du pouvoir ? Electeurs, consultez votre mémoire, votre cœur, puis vous ferez la réponse. Pour moi, je garderai longtemps le souvenir de ce cri, parti ces jours passés de la tribune et sorti d'une bouche aussi pure qu'éloquente : « Depuis 1838, il est impossible de ne « pas reconnaître que le gouvernement fran-« çais a complétement manqué de vues poli-« tiques. Une qualité plus importante que le « sens politique lui a même fait défaut : la « magnanimité (1). » L'âme tout entière se soulève quand vibre un pareil reproche, et les faits cependant nous forcent à l'accepter ; je me trompe, ils nous obligent simplement à l'infliger. Car si la France sut applaudir au mot du vaincu de Pavie ; si elle sait accepter et pardonner bien des fautes quand l'honneur reste sauf, elle n'adoptera jamais un système qui ne sera pas magnanime, et c'est elle-même qui se chargera la première de lui imposer le blâme et la flétrissure. Sans doute nous ne plaçons plus le suprême honneur là seulement où on le plaçait

(1) Séance de la chambre des députés, 16 juin 1846, discours de M. de Lamartine.

dans les temps chevaleresques, sans doute les gloires de la paix nous semblent plus désirables encore que celles de la guerre ; mais si nous ne voulons pas de larmes dans les yeux des mères ; si nous souhaitons le calme qui facilite le développement des intelligences, les grandes études, le triomphe des sciences, celui des arts, l'activité du commerce, les progrès de l'agriculture et l'aisance publique, nous ne voulons, pour rien au monde, voir inscrire sur nos bannières des mots semblables à ceux-ci : « Irré-« solution, égoïsme et timidité. » S'il s'agissait d'avouer les sentiments exprimés par une telle devise, le gouvernement ne s'y résoudrait jamais. Pourquoi donc ose-t-il pratiquer ce qu'il ne saurait confesser ? Pourquoi, s'il rougit de l'irrésolution, n'a-t-il pas, depuis tant d'années, adopté pour l'Algérie un système fixe, arrêté. Si l'égoïsme lui semble honteux, d'où lui est venu son indigne scrupule quand il a refusé de témoigner ses sympathies à la Pologne de nouveau frémissante et de nouveau désolée ? Si la timidité lui répugne, que n'a-t-il pris une attitude fière, digne, intelligente, dans cette question d'Orient, toujours pendante, toujours ajournée, toujours menaçante? Qui lui bâillonne la bouche quand des chrétiens meurent en Syrie, en invoquant une protection que personne désormais n'osera croire puissante? Fallait-il beaucoup d'arrogance, ou simplement un peu de dignité, pour résister à l'intrigant Pritchard, et ne pas solder son ignoble turbulence? Pourquoi ne pas profiter d'un succès dans le Maroc, et ne pas épargner aux contribuables les frais d'une victoire, en définitive aussi onéreuse qu'une défaite?

Il est vraiment difficile, sans prononcer des mots bien pénibles, de qualifier la conduite tenue dans cette circonstance. Enfin, vous redoutez la guerre et vous ne semblez jamais empressés de la terminer ou de l'éloigner d'une manière décisive! Ajourner, temporiser, voilà votre grande tactique. En attendant, le sang français coule en Afrique, les questions s'enveniment ailleurs, et le présent, auquel vous sacrifiez sans cesse, fuit rapidement en faisant place à un avenir plein d'incertitudes effrayantes.

Nous nous proposions d'entrer dans d'autres détails sur toutes ces questions, et de discuter, avec une certaine étendue, tout ce qui tient à l'alliance anglaise; mais au moment de mettre la main à l'œuvre, nous ne sentons plus notre cœur aussi calme, l'indignation nous lancerait peut-être au delà des bornes de la modération, et dans la question que nous traitons, il nous importe de ne pas les franchir.

Il nous semble donc suffisant de dire qu'une alliance se change en oppression fatigante et désastreuse quand l'une des parties contractantes se montre à tout instant exigeante ou arrogante, et l'autre toujours prête à céder et toujours humble;

Que, s'il est insensé ae souhaiter la guerre, il est honteux d'en avoir peur;

Que le meilleur moyen d'éviter les conflits, comme le plus noble, c'est d'inspirer le respect et non de se courber et de s'humilier sans cesse;

Que notre nation ne fut jamais patiente, et qu'il lui suffirait d'un jour pour dépasser des gouvernants pusillanimes et répudier violemment des actes incompatibles avec ses goûts, ses nobles instincts, son grand caractère, ses mémorables annales.

Cessons donc d'analyser des fautes qui nous pèsent ; cessons de chercher dans la vaste étendue des mers les lieux témoins du manque d'énergie de nos ministres ; mais imposez, électeurs, imposez à vos mandataires, dans vos réunions prochaines, l'étroite obligation de réclamer une politique généreuse ; ne cessez de répéter que vous détestez l'arrogance, mais que vous voulez à votre gouvernement une attitude noble et fière, et que vous attendez de lui, partout et vis-à-vis tout le monde, de la résolution, de l'intelligence et de la grandeur.

# Conclusion.

Trois conséquences principales nous semblent, électeurs, découler de ce petit travail :

Premièrement, la nécessité d'une responsabilité ministérielle, non plus vaguement énoncée dans la loi, mais à jamais fixée par cette même loi, ainsi que tout ce qu'elle entraîne ;

Secondement, l'obligation de couper court à la corruption, en enlevant aux ministres tout moyen de l'exercer sur le parlement qu'elle gangrène et des rangs duquel elle s'élance pour altérer notre système de [gouvernement, démoraliser une notable portion de la nation, et, par conséquent, préparer d'affreux désordres ;

Troisièmement enfin la nécessité, tout aussi grande, de substituer, à l'opposition qui croule, une opposition consciencieuse, non plus animée, comme la grande partie de l'ancienne, de petites passions ; non plus gouvernée par de petites vanités et de secrètes ambitions, mais par l'esprit de désintéressement, d'ordre, de nationalité, de générosité et de liberté. Ces trois grands résultats obtenus, nos principales plaies se fermeront, et leur guérison entraînera celle de tous les autres maux qui nous affligent. Mais comment atteindre un but si désirable?..... Nous y parviendrons facilement, électeurs, avec l'aide de votre propre désintéressement, de votre conscience et de vos courageux efforts.

Si vous reconnaissez, comme nous, chez les hommes du gouvernement, *l'oubli de leur origine, le mépris des conséquences de 1830, le peu de souci de la moralité du pays, la préoccupation constante des intérêts qui ne doivent passer qu'en seconde ligne, au détriment des autres; si vous ne trouvez pas ces hommes assez soigneux de l'honneur du pays vis-à-vis de l'étranger :* non-seulement, dites-le bien haut dans vos colléges, mais repoussez, comme indignes de vous représenter aux chambres, tous ceux qui semblent portés à soutenir leur système. Surtout enjoignez à vos élus de réclamer sans relâche la présentation de cette loi sur la responsabilité ministérielle, dont nous avons essayé de faire sentir l'importance. C'est un frein sans lequel, selon nous, le gouvernement représentatif n'est qu'une illusion, le despotisme peut toujours poindre.

Maintenant, pour attaquer la corruption jusque dans son germe, il faudrait mettre le ministère en face d'une chambre dont les membres n'eussent rien à attendre de lui et auxquels il ne pût rien offrir. En effet, des hommes ainsi placés ne seraient en aucune manière détournés du point de vue national par les perspectives de l'intérêt particulier : et quand le siége de député cessera d'être le marchepied de la fortune, il faudra, pour aspirer à prendre rang dans la chambre, une véritable vocation politique. Vous nous objecterez qu'une loi seule peut amener une solution pareille ; mais, si vous ne faites pas les lois, vous nommez ceux qui les font ou les modifient. Eloignez de la représentation nationale tout individu en possession de places, ou désireux d'en avoir une ; déclarez qu'on n'aura jamais deux fois vos suffrages si, parti de vos provinces les mains vides, on revient de Paris les mains pleines, et la question touchera presque à la solution désirable ; car, lorsqu'elle s'agitera dans l'enceinte du parlement, elle n'aura plus du moins pour juges des hommes attendant de l'issue même du procès l'augmentation ou la diminution de leur aisance.

Si vos choix sont bien faits, si le désintéressement est la vertu principale des hommes honorés de votre confiance, il se formera bien vite dans leurs rangs une opposition calme, généreuse, fière, telle, en un mot, que nous la demandions plus haut, en la déclarant nécessaire. Oh ! ne faillissez pas, mes chers concitoyens, à une mission si magnifique ; songez que tous les yeux sont fixés sur vous. Ceux ci vous regardent avec espérance, beaucoup avec défiance ; d'autres, avec haine : vous pouvez fondre tous ces divers sentiments dans un seul, celui de la reconnaissance. Rappelez-vous ce que nous disions à propos de la *réforme électorale*, idée tous les jours grandissante, et sachez ou préparer son avénement ou la rendre inutile. Se mettre à la tête d'un mouvement, diriger un élan regardé par quelques hommes comme une menace, voilà le secret des grandes intelligences et des nobles cœurs. Je désire qu'il devienne le vôtre, et si vous savez réellement vous en rendre les maîtres, je ne serai certes pas le dernier à célébrer votre triomphe.

Electeurs, votre tâche va commencer, la mienne touche à son terme : sans doute le talent m'a le plus souvent fait défaut dans l'accomplissement de mon œuvre, mais le champ où j'ai glané était si fertile, qu'il était impossible de ne pas en rapporter quelques vérités. Si mon examen n'est pas complet, vous saurez l'étendre et vous avouerez du moins qu'il a porté sur des matières graves. Enfin n'eût-il pour résultat que d'inspirer à l'un de vous l'idée de le recommencer intérieurement avec plus de détails, je m'estimerais heureux, et je serais loin de regarder ce travail comme inutile.

Juillet 1846.

PH. DE MONTENON.

Imprimerie SCHNEIDER et LANGRAND, 4, rue d'Erfurth.

* 9 7 8 2 0 1 1 7 5 9 4 5 0 *